JN438316

겨울동백

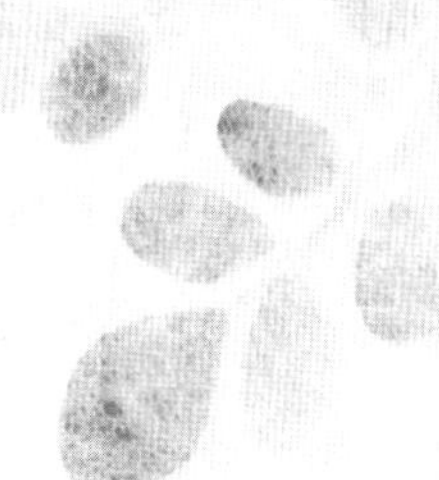

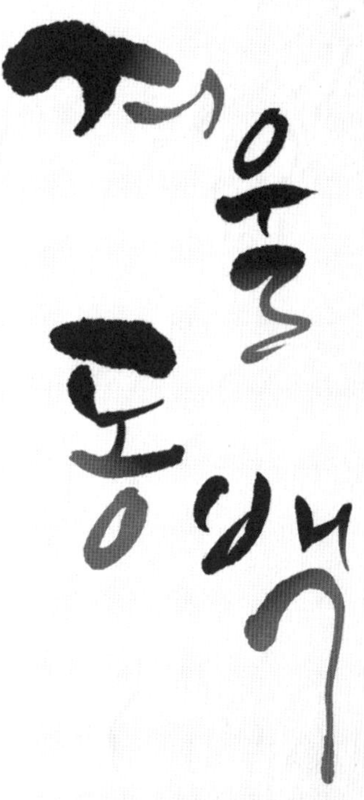

| 김 휘 열 제3시집 |

Camellia Hiemalis
Camellia Hiemalis
Camellia Hiemalis

도서출판 천우

시인의 말

6년 만에 3번째 시집을 상재한다.

4번 암 진단, 재발과 전이가 반복되면서 엄습해오는 두려움을 이기는 것이 그리 쉽지는 않다.

사람마다 각자 삶이 다르다. 누구는 좀 길고 누구는 짧고 그냥 운명이라고 여기고 불행의 척도로 삼지 말아야 한다.

좌절하지 않고 그리스도인으로서 시를 쓰면서 스스로를 위안했다.

시는 글이 아니라 가슴이다. 문학과 철학과 음악이 시 하나에 조화를 이루고 있다.

서정시가 홀대받는 풍조에서 서정시를 쓰고 자연의 이치와 순환되는 계절마다 시인에게 던져주는 의미를 곱게 되새김질해서 시로 승화시키려고 노력했고, 시구 하나하나에 혼신을 다해 가슴으로 빚어 상재한 하나의 기도문이기도 하다.

모두들 고운 마음으로 읽어 주기를 바라는 마음이다.

2018년 3월

제1부

겨울동백

제2부

시인으로 사는 것

제3부

사랑

제4부

본능

제5부

사람이 떠난 자리로

제1부

겨울동백

겨울동백

겨울동백이 지는
봄의 들머리
동백꽃이 지면 봄이 온다.

거친 겨울
별빛도 숨을 죽이는
황량한 긴 밤에
홀로 꽃 피우고
몰래 하고픈 마음이 수줍어
붉은 꽃잎에 전하려
봄이 올 때까지
모진 시련을 견디고 있다.

오직 그대만을 위해서
고요히
흰 눈 속에서 붉은 꽃을
피우려는 겨울동백.

2016. 2. 27.

* 제12회 세계문학상 시 부문 대상 수상 작품

바람이 꽃을 피우다

바람이 벼랑 끝에 꽃을
피우고 있다.

바람에 흩날린 홀씨는
아마득한 절벽
바위틈으로 찾아들어
꽃을 피웠고

병풍처럼 둘러 있는
암벽을 오르는 사람들은
그곳에서
꽃이 되길 갈망했다.

그들은 그곳에서
꽃의 화석이 되었다.

2016. 7. 30.

고요한 오월

순풍에 한껏
부풀어 오른 신록이
하늘 아래로
우아한 자태를 드러냈고
푸름 하나만으로도
눈이 부시다

한 폭의 수채화 속에
우리가 머무는 착각
그나마
오월의 정취에 빠져
푸른 꿈을 꾸는 것이
정겹다

2013. 5. 23.

분꽃

여름 장마 지난 자리
옛집 담장에 분꽃 피었다

한 그루에 수십 꽃송이
수줍어 서로 몸을 숨긴 채

해 뜨면 오므리고
해 지면 꽃잎 피우면서
까만 씨앗을 보듬고 있다

마중 나온 누이처럼
행복한 미소 머금고 있다.

2017. 9. 29.

겨울밤

산사(山寺) 처마
부연(附椽) 끝에 풍경 소리

북풍에
밤 내 우는 문풍지 소리가
잠잠해지기를 기다리다
꼬박 밤을 새우고

외로운 한 마음에
설핏 떠오른 시 한 구절과
동이 틀 때까지 씨름한다.

2016. 12. 11.

* 월간 『문학세계』 2017년 2월호 게재

뻐꾸기 우는 사연

창조주의 장난인가
뻐꾸기는 알을 품지 못하고
탁란(托卵)을 하면서 종(種)이
현재에 이르고 있다

어미 새는 새끼의 부화를
멀리 바라보면서 안타까워 울고
새끼는 동냥으로 낳은 자신의
처지가 설워 운다.

이 산에서 울면
저 산으로 옮겨 서로 울어 대는
…

온 산이 함께 울어줘도
서로가 사정을 몰라 운다.

2016. 8. 3.

꽃이라면

속없이 피고 지는
봄꽃들
길손들 가던 길
잠시 머물게 하던
화사한 봄이
속없이 가고 있다

사람도 이렇게
속없이 오가는
하나의 꽃이라면
그 향기 그윽이
전하고 싶다

신록이
옹골차게 여무는
계절이
다 가기 전에.

2013. 4. 29.

가뭄

여름 한낮
농부가 기우제를 지낸다.

가뭄은 사막을 만들고
태곳적 문명은 소멸되었다

구름 한 점 없고
바람도 없다

만날 기적만 기다리다
유월이 넘어서야 모를 낸다.

강 하구에 녹조로
소란스럽다.

2017. 7. 10.

하얀 민들레

해 질 녘 노을에 황홀한
홀로 핀 하얀 민들레

홀씨를 강 너머로 날려
보내고 있다

마른 들녘
엉겅퀴, 담뱃대, 씀바귀, 민들레…
여느 아낙들
둥근 꽃들 사이를
종종히 지나가고

노을에 긴 그림자
하늘로
꽃 머리 곧추세우고
기도하는
하얀 꽃 민들레.

2016. 4. 30.

고추잠자리

계절 따라 어디론가
훌쩍 떠나고 싶은
가을이 가는 자리

여름내 함께 날던
된장잠자리도
흔적을 감춘 날 저문
텅 빈 하늘 위로

남기고 가는
계절이 못내 아쉬워
온몸 붉게 태우고

은빛 날개 너울대며
홀로 춤추고 있다

2017. 9. 31.

가을 여인

코스모스 꽃잎이 지는
향기 마른 들녘
가을 여인이 걸어 놓은
치맛자락이 나풀거리고

아쉬움 두고 가는
가을 꽃향기 가득했던
하얀 꽃밭 사잇길
찬 바람에 옷깃 여민다.

아직은 꽃밭에
따스한 바람이 남아 있고
겨울이 더 가까워오기 전
머무는 계절

고운 향기만 남기려는
가녀린 가을 여인의 손짓 하나도
애처롭다.

2017. 12. 20.

개나리꽃

초가지붕 위로 흐르는 달빛
사립문 담장에 필 꽃잎을
나지막이 기다리다
겨울 하얀 밤을 새웠다

이른 봄을 알리느라
화려한 빛깔로 오지 못하고
지난 밤 꿈 이야기 들려주듯
몽글 피어나는 안개 위
낯선 모습으로 다가와

사월의 화사한 언덕길
타오르는 봄빛 속에서
노랑 고깔로 장식을 하곤
순풍에 져가고 있다.

2013. 4. 23.

겨울 풍경

매서운 바람이 옷깃을
동여매게 하는 겨울 언저리
감나무 우듬지에 떨고 있는
마른 잎새들

그나마 한낮 엷은 햇살이
고달픈 삶에 위로를 주고

고혹적인 함박눈
한겨울 황홀한 풍광과
함께하는 길
하얀 세상에 머릿속 잡념을
털어버린다.

눈 그치기를 기다린
어둔 밤하늘
시리게 눈부신 성긴 별들이
쏟아지는 하얀 호수.

2018. 1. 5.

가을을 보내며

불볕에
곱게 붉어진 단풍이
가을비에 떨어지고

먼 길 다시 돌아
새순이 날 때까지
모진 바람을 견뎌야 하는
나뭇가지 끝에 퇴색된
잎새가 쓸쓸하다.

새로운 것보다
사위어 지는 것이 가차운
계면쩍은 얼굴들
차가운 바람 푸른 달빛이
춤을 춘다.

향기 마른 풀섶
따스한 그리움만 간직하고
기억을 갈무리한다.

2017. 11. 27.

가을빛 저물기 전

무더위에 지치던 날
한없이 퍼지던 넝쿨 위
칡꽃이 시들고 있다

가을 들머리
바알간 고추밭 철조망
청명한 하늘 위로
고추잠자리 군무가 시작되고
억새가 한 올 흰 깃털을
나붓대고 있다

변함없는 하늘에
변하지 않는 마음을 그리고
눈부신 가을빛 저물기 전
그대 손 내밀어 잡으리.

2013. 9. 1.

* 『청암문학』 2013년 가을호 게재

적막

파란 하늘 바람결 따라
양떼구름 떠가고

검푸른 바다는 태풍에
쓸려온 파도를 삼킨다

하늘과 바다는
고요히

땅 위에 평화가 깃들기를
기다리고 있다

2018. 1. 21.

제2부

시인으로 사는 것

가을로 가는 인생길

가을로 가는 인생길
담장에 작은 낙서에도 섧다

검은 머릿결이
은빛으로 변하는 동안
주마등처럼 스치는
숱한 기억들은
되돌릴 수 없는 체념에
나름 기쁨을 얻고

철길에 핀 코스모스 위에서
이 땅에 새로운 주인을 위한
그들의 군무와 낮은 노랫소리

산그늘 내리는 산중에서
홀로 자리를 차고 일어나
가던 길을 재촉한다.

2015. 4. 10.

시인으로 사는 것

시인으로 사는 것
그러다
시인으로 떠날 수 있는 것은
행복이 겨운 것 같다

살다가
그대로 떠날 수 있으나
허접한 거 하나라도 남기고
떠날 수 있으니
멋진 일 아닌가

술 한 잔
얻어 마실 거리를 위해
골방에 박혀
한 줄 글을 옮기고

한 달 내 찜통더위가
머무는 날들
하늘 사이에 전쟁과 비밀을
조금 눈치라도 챌 수 있는
삶은 좀 피곤하지 싶다

그저 해 뜨고 지는 것이 하루라는 것을
나는 알고 있다.

2016. 8. 24.

*『청암문학』 2017년 봄호 게재

보리수나무 아래서

현재는
지난날 행실과 인연의 모습이고
미래는
과거와 현재의 결실이다

석가의 중생과 깨달음은
그저 보리수나무 그늘에서
생긴 일 중에 하나려니 한다.

한여름 오후
산중에서
갑자기 만난 소나기를 피하다
가시에 손끝 찔리며 얻은…

작은 알갱이 열매로
허기 메우며
다시금 말간 햇살이
온 산 가득해지기를 기다렸다

자연은 늘 요란하고
사람을 당혹하게 한다.

2017. 6. 23.

*『현대문예』 2017년 93호 게재

그리움의 초상(肖像)

문뜩 전화가 왔다.
쓰려다 미루기만 하던
그리움의 초상(肖像)
긴 시간 동안
가슴 깊이 담겨 있던
아련한 추억이다.

바람 불면
조력 발전소 건너
팔랑개비는 손을 떨며
서쪽 하늘에 붉은 노을을
채색하고

구름 사이로 뉘엿 날이
저무는 것이 아쉬운 저녁
젊은 날의 추억이
포근히 다가와 선다.

2012. 12. 22.

*『청암문학』 2013년 가을호 게재

아픈 눈물의 회상

한동안 절필을 하다
씨줄과 날줄로 엮이어
운명처럼 시를 쓰고

달무리에 솜털 보송한
꽃눈을 만들고
봄을 기다리는 겨울 목련처럼
시를 쓰다 울고 웃는다.

허망한 시간을
뒤돌리려는 것보다
떠날 때 뒷모습이
아름다운 사람이 되고자

새벽 문뜩
운명을 거스르지 않으려
외롭게 온 길
아픈 눈물의 회상에 잠긴다.

2014. 3. 5.

혀 이야기

그저 말랑한 붉은 근육
세 치의 혀다

어떤 이에게
감동의 말을 선사하고
어떤 이에게 희로애락을
송두리째 주었다 빼앗고
세상 전부를 바꾸는 힘으로
죽였다 살렸다
위대한 힘, 위용 가득하다

혀를 잘 놀리라 하는 말이
문뜩 떠올라 한 줄 적었다

2014. 12. 9.

사랑의 마음으로

딸아이가 땅콩을 한 되쯤 사왔다
아내가 의아해서 물으니
차부에서 추위로 떠는
할머니가 안쓰러워 샀다 한다
가난을 겪지도 않은
아이의 마음이 미쁘다.

늘 타국에 있는 아이를 위해
기도하고 영혼의 뿌리가
다 닿도록 지켜주려는 마음
그쪽에서 들려오는 작은 소리에도
귀가 쫑긋이 선다.

어둑새벽
절룩거리며 산동네를 오르는
연탄 수레 뒤를 밀어주다
벅찬 기쁨을 느꼈다.

2014. 1. 20.

어느 봄날에

기다리던 봄바람에
진달래 꽃망울이 터지고
멀뫼길 위로
벚꽃이 한껏 흐드러졌다

아파트 화단
봉긋 차오른 목련같이
분홍 봄빛을 살포시 들추어
까만 밤을 밝히고

무엇 한 가지
녹여 낼 수 없는 나를
묵묵히 따라온 그대

슬프게만 느껴지던
커다란 눈망울
내가 그 눈빛 속에 있다.

2013. 5. 10.

길모퉁이 모서리

길모퉁이 사각 모서리는
사람을 늘 긴장하게 한다.

가까이 다가가다
손을 멈칫하게 하는
장미가시처럼
우리를 낮아지게 하고

길가를 걸으면서도
미움과 다솜을
가늠질하게 한다.

친근감 없는 모서리를
하나의 허물로 보지만
긴장의 실타래를 못 풀게 하는
하나의 마법이고

둥근 것들 중에서 모난
단순한 깨달음보다
변화를 재촉하는 의미가 짙다.

2017. 12. 6.

병사와 어머니

가을 끝자락
산 위로 멍든 단풍이
전투에서 흘린
병사의 핏물 같고

소슬바람에 서걱대며
낙엽이 쌓이는 붉은 저녁
노을은 노상 슬프다

이유 없는 전장에서
어느 날
초연(硝煙)에 산화한 청춘.

감나무 곱게 물든
고향 어귀에서
그대 기다리던 노모도
가고 없는 계절은
또 오고

하늘 길 따라 기러기만
울며 떠나고 있다.

2014. 11. 1.

*『청암문학』 2016년 봄호 게재

붉나무

가을 산 어귀
처음 만남은
저녁놀보다 더
산을 붉게 물들인
햇볕에 그을린
붉나무다

가슴 아려도
부정한 것들과
혼재를 허락하지 않는
오롯한 신앙
단풍이 눈 시린 날
발길 머무는 자 없어
서러운 적 없다.

2016. 7. 6.

*『안성문학』 2017년 27집 게재

바람

따사한 봄빛이
바람에 흐른다.

흐드러진 꽃잎이
하늘하늘 흐르고
밤하늘
하얀 목련나무 사이
달빛이 흐른다.

빗장 열리우듯
겨우내 닫혀 있던
마음도 흐른다.

2013. 4. 6.

* 『현대문예』 2013년 75호 게재

우산

차부 모퉁이
부서진 우산이 뒹굴고
있다.

수업이 끝날 무렵
소낙비에
황급히 달려온 어머니들,
제 아이들 챙기고 가면
나만 홀로
덩그라니 남겨졌다.

행상을 하는 어머니가
올 리 만무했고…

흠뻑 비를 맞으며
집으로 가면
강아지 홀로 반겨주고
젖은 옷을 벗으며
입가로 흐른 눈물을
훔치곤 했다.

어머니, 포근한 우산이
그리운 날더러
하늘은 강하게 살라고…

2017. 7. 24.

고백

고요한 산자락을
겹겹이 감싸고 앉은 안개가
걷히기만을 기다리다

뭉실 피어나듯 격한 그리움
아린 상처가 되어 남았다

점점 짙어만 가는
산안개 탓만 할 거냐고

말을 해야만 아는 거냐고

2012. 9. 4.

* 월간 『문학세계』 2014년 1월호 게재

그리움, 아린 가슴이 되고

작은 조각들로 이어진
유리알 같은 그리움,

흰 눈 속 붉은 동백을
화병에 옮기면 순백의
어울림을 볼 수 없듯

그대, 나의 화병으로
옮기지 않은 차곡한 시간들이
아린 가슴 큰 자국이 되어
그리움으로 남았다

귓가로 스쳐가는
나지막한 소리에도 소스라쳐
멀찌감치 돌아 멍하니
서 있곤 한다.

2016. 2. 5.

1987년

나는 영화 1987을 보지 않았다
시대가 제멋대로 각색하여
상처로 돌아올까 두려워서다.

갓 결혼하고
구질한 셔츠에 넥타이 매고
최루탄이 난무하는 명동성당 근처
시위에 합류했었다.

군사정권이 민주화 선언을 하고
일상으로 돌아와 아무 일 없듯
여상히 지내오고 있다.

내가 나 아닌 타인을 위해
행동한 적이 있었다.

2018. 1. 23.

제3부

사랑

십자가

천부(天父)가 세상 짐을
모두 지려고 사람의 아들로
가 땅에 왔다

골고다 언덕 위에서
사람의 죄를 면(免)하려
그의 뜻대로 희생되었고

그의 피는 붉은 노을이 되어
하늘과 땅과 해와 달에게
선포되니

그를 믿고 부르는 자마다
구원을 얻었다.

2017. 1. 31.

*『청암문학』 2017년 가을호 게재

사랑

가시고기는 알을 지키다
깨어난 새끼들에게
제 몸을 먹이로 내주고

첫 비행에서 추락한
새끼 곁을
차마 떠나지 못하는 어미 새
하늘을 빙빙 돌며 운다.

하늘의 아버지는
이 땅으로 내려와
스스로 몸을 희생하여
우리를 살렸다.

사람은 겨우
호감을 가진 자에게
호의를 베풀고는
사랑이라 너스레를 떤다.

2017. 11. 12.

성경 이야기 1

에덴동산에 사달이 났다. 아담과 하와가 천부에 거역하고 금단의 실과를 취하여 선과 악을 분별하였다. 악을 좇을까 근심하여 에덴동쪽으로 내놓아 밭을 가는 수고와 해산의 고통을 얻게 하였다.

땅 위에 사람이 번성할 때 하늘의 아들들과 사람의 딸들이 합하여 용사들을 생산하니 그들의 세상이라 천부를 조롱하는 자들만 있었다. 노아만이 의인이었다. 홍수로 땅 위 모든 생물이 진멸되고 그의 가족만 구원을 얻게 되었다.

사람이 땅 위로 다시 퍼질 때 자기들의 이름을 위하여 탑을 쌓으니 그들의 하고자 하는 일을 막을 수 없었다. 천부가 언어를 혼잡하게 하여 온 땅으로 흩어지게 하였다.

2017. 12. 23.

성경 이야기 2

사람 중에 의인이 없고 스스로 영생을 얻을 자도 없다. 천부가 사람의 몸으로 백성을 구하고자 이 땅에 왔으니 그 이름이 예수다. 그가 스스로 십자가에 희생되고 이것을 믿는 자마다 죄 사함을 받고 영생을 얻게 하였다.

2017. 12. 23.

성경 이야기 3

때가 되어 큰 용이 온 땅을 유혹하고 권세와 우상이 된다. 자기 발아래 사람들 이마와 손에 짐승의 표를 받게 하고 표가 없이는 매매를 금하니 고난이 된다. 그러나 짐승의 표를 받은 자들은 천부의 진노를 피할 수 없게 된다.

천부의 계명과 예수에 대한 믿음으로 죽는 자는 복이 있다. 수고도 끝나고 편안히 쉬게 된다. 구름 위에 사람의 아들이 땅으로 내려와 추수를 한다.

고난 받은 자, 짐승에게 경배하지 않은 자, 이마나 손에 짐승의 표를 받지 않은 자들은 다시 살고 산 자는 산 대로 천국에 이른다. 다시는 죽음 없고 그리스도와 함께 왕이 된다.

2017. 12. 23.

소망

밤이 무너질 때
이슬 위로 꽃송이 몽실 피어나는
아침을 기다린다.

감내가 힘든 고통 속에서
기쁨을 노래하고

깊은 병중에
궁핍한 이웃을 위한 기도는
이 땅에 머무는 이유가 되었다.

소망은 기도의 결실이고
믿음의 증거가 된다.

2017. 8. 30.

구원(救援)

협곡 위 외줄다리
기나긴 여정

어둠의 자식들과
긴 입맞춤
그 달콤한 최면에 취해
어디 가는지 모르고
덧없이 흘러 걷다
누군가 내민 손을 잡고

별빛 쏟아지는
여름밤, 귓가로
들려오는 나지막한
음성을 들었다

수렁 저 끝으로
작은 불빛이 다가오고
추수가 끝난 들판으로
아버지 나를 부른다.

2013. 9. 19.

*『현대문예』 2016년 86호 게재

믿음

웃자라 오르는 욕망과
싸워 다시 나고

변절된 진리의 혼돈과
궁핍한 변명을 뒤로하며
진흙 속에 꽃을 피워
셈할 수 없는 속박에서
자유를 얻고

자아가 곧추서지 않게
나뭇가지 아래로 모두 묻으며
천상(天上)의 길을 걷는
사람들의 바람이다.

2013. 11. 16.

선택과 숙명

태아는 어미의 배 속을 나와야 사람이 되고
배는 항구를 떠나야 비로소 배가 된다.
태아가 어미의 자궁이 포근하다고 그냥 머물 수 없고
선박이 항구가 안전하다고 마냥 머물 수 없다
사람의 여정이 피곤하고 선박의 항해가 고단하다고
가야 할 길을 주저할 수는 없다.

2015. 1. 4.

바람은 신의 은총

바람은 신의 은총
그 가늠질을 알게 한다.

산 위에 산들바람은
더 없는 감사를 주고

맑은 호수에 잔잔한 바람은
불편한 속내에 평온을 주고

수평선 멀리 실바람은
설레는 은빛 희망을 싣고 온다.

바람은 깊은 신의 은총…

2013. 9. 10.

마중물

우물을 대신해서 집마다 펌프로 물을 끌어 쓰면서
마을 우물가로 물 길러 가는 번거로움이 사라졌다.
펌프에 물을 끌어 올리려면 마중물이 필요했고
늘 물동이에 물을 담아두었다
물을 퍼 올리기 위해 펌프에 물을 붓는 것이다.

그리스도인은 천부 안에서 성령의 도움을 받으며
영생에 대한 소망을 갖는다.
이것은 십자가를 통해 실현되었고 스스로 있는 자가
사람의 아들로 이 땅에 와서 땅으로부터 천국 가는
그리스도인의 마중물이 된 것이다.

2017. 11. 27.

동상이몽(同床異夢)

별 바라기 바위 채송화
별을 보다 별꽃이 되어 버린
노랑 그 꽃은
높은 바위에서 낮은 곳으로
꽃을 피우기 때문이다

이 땅에서
구세주를 바라보는 우리는
낮은 곳으로
마음을 두고 갈 수 없기에
하나도…
그를 닮은 자 없다

2015. 11. 17.

제4부

본능

본능

발정난 개가
둑방에서 밤 내 짖어 대고

골방 창문에 우련한
사춘기 소녀가 수줍어한다.

우물가에 아낙
말려 올라간 치마 틈새로
시선이 가고

사경을 헤매고도
간호사 골 파인 엉덩이
뒷모습에 낯을 붉힌다.

2017. 8. 2.

기억 상실증

처음부터 새장에 갇힌 새는
빗장이 열려도 날지 못하고

한 번도 날지 못한 하늘을
날아 보기도 전에
그곳이 세상 전부인 줄 안다.

우주의 수많은 별들 중에
지구에만 생명이 있다는 것은
사람들의 착각이다.

어쩌면 죽음은 신이 만들어놓은
또 다른 별나라의 여행이고
처음에 왔던 별로 되돌아가는 길이
아닌가 한다.

다만 우리는
왔던 길을 기억하지 못할 뿐…

2017. 6. 12.

토렴

장터 국밥집 주인이 찬밥
담은 그릇에 국물을 넣고
따르고 다시 넣고 따라
국물이 따듯하게 배인 밥을
손님에게 디밀어준다.

토렴은 배려이다
천천히 수저를 들어 국물을 떠
넣어야 입천장을 데지 않는다.

금방 모두 태워버릴 듯이
내뱉은 말이 더러 뼈아픈 상처가
되기 쉽다

취중에 하듯 당장 하고픈 말도
한 번 되뇌고 하면 서로 아픈
상처를 주는 일이 덜 하겠다.

2016. 2. 13.

투병기

삼사 년 전 암 수술을 하고
나름 관리를 잘 해 왔는데
폐로 전이되어 또 수술하고
항암 치료를 시작했다.

병실 아래 벚꽃이 흐드러지고
측백나무 아래로 철쭉이 꽃망울
터트리는 오후
나만 남기고 모두 여상하다

꿈결에 그런저런 사람들이
들락거리고 초라해지지 않으려
순응하는 것을 몸에 익히려다 보니
그나저나 지나온 것에 대한 미련을
버리는 일이 그리 녹록지 않다

여느 날 이웃을 긍휼히 여기지 않은
생각이 한꺼번에 밀려든다.

2016. 4. 18.

집으로 가는 남자

집으로 가면
온종일 귀를 쫑긋 세우고
나를 기다리던 강아지가
꼬리를 흔들며 뛰어나와
나를 반긴다.

누군가
나를 기다려 주는 것이
진한 감동이 되고
누군가
나를 반겨주는 것이
더 없는 행복이 된다.

2016. 1. 13.

어머니와 여자

보릿고개면 들로 나가 가시 나물에 손등을 찔리며 쑥을 뜯고
잠긴 곳간을 열어 벼이삭 쪄서 밥을 짓고, 생선 토막을 내고
닭의 목을 비틀어 밥상에 올리는 것들이 여상한 어머니는
전사(戰士)였다

뒤뜰 돌다 몰래 본 어머니 방은 앞산 매화길 따라 시집 올 때 가져온
경대 앞에서 머리에 비녀를 꽂고 손 가락지 매만지며 분칠로
골 깊어진 주름살을 펴고 계셨다

어머니는 여자로 되돌아가기를 갈망하고 있었다.

2016. 5. 22.

오늘 나는

어제 하나를 용서하고
내일을 채비하다
베푸는 것에 능숙하지 않아
유연하지 못한 스스로를
질책한다.

먼 날, 멀리
희망 적힌 작은 불꽃을 켜고
몇 번이라도 농익은
습관적 만남과 작별이
반복되면서

나도 소멸되는 그중 하나로
늘 무언가 아쉬워하고
정해진 틀 속에서 힘에 부쳐
밀려드는 고독을 곱씹고
차츰 희미해지는 뒷모습
작은 초라함에 가던 길에서
잠시 뒤돌아선다.

2013. 7. 15.

중간지대

연어의 회귀본능(回歸本能)은
강을 떠나면서 그 내음을 몸에
기억해 두었다가 돌아온다

우린 지금
시푸른 망망대해를 표류하는
중간지대에 머물면서

비록 까무룩 걸음이라도
본향(本鄕)으로 가는 것이
명확해도
의심에 안개만 가득하고

누군가 훼방에 잠시나마
혼돈과 질곡 속에 있지만
떠나올 때 그곳의 내음을
우리 영혼은 기억하고 있다

2015. 11. 23.

산행

산행의 기쁨은
정상에 오르는 것이다.

준비 과정은 같으나
앞만 보고 숨 가쁘게
오르는 산행이 있고

다소 늦지만 산허리 휘잡은
풍광을 만끽하며 오르는
산행이 있다.

어느 과정으로 오르던
산에 있을 때는
산이 되어야 한다.

2016. 1. 25.

목적 달성

목적을 달성하려 하지 마라
그냥 인생의 푯대로 삼고 즐겨라
즐기는 것은 행복하나
완전한 정복을 이루고자 하면
고뇌와 근심만 가득하다.

목적을 위해 가다 보면
책장을 넘겨야
다른 책장의 내용을 볼 수 있듯
다른 것을 만나야 하고
목적이 하나라는 것은
커다란 착류임을 알게 된다.

자칫 하나의 목적만을 위해
가는 것은 집착이 되고
정복하지 못할 경우
저 스스로 좌절하게 된다.

정의를 위해 권력을 얻고서
정의를 위해 산 자가 없다.

2016. 6. 21.

세습에 대한 소고(小考)

21세기를 살고 있는 것인지
하루에 몇 번씩 귀를 의심한다

북한이 세습을 하고 교회가 세습을 하고
재벌이 세습을 하고 노조도 직장을 세습을 하고

그저 잘난 부모 만난 사람들이
살기 좋은 세상이다

2014. 1. 12.

할미꽃

꽃잎들 눈부신 날
너른 나무 그늘로 숨어 오르던
관산* 초입 무덤가에
할미꽃 구부정히 피어 있다.

시집간 딸을 기다리는 동안
등이 다 굽고
불청객들 발길만 닿으니
목 메움에 섧다

진하지 않은 향기에
꽃잎에 찾아드는 나비도 없고
그대 따스한 손길도
고운 입맞춤도 없는

흰 머리 꽃으로
슬픈 말만 전하고 있다.

＊관산 : 광주시 퇴촌면 소재 산.

2016. 5. 2.

가을날의 그리움

어제는 오늘을 위해 있고
오늘은 내일을 위해 있듯
마냥 그 자리에 머물 수 없는
여느 가을날

애틋하게 엉겨진
멀리 있는 그리움은
서로가 그 자리에 머물며
순화된 추억이 되었다

꽃잎에 잠시 머무는
부전나비 날갯짓에 이는 바람이
온 땅을 돌아
8월의 태풍으로 돌아온들

나뭇잎은 계절 따라 영글어 가고
가을 산은 단풍으로
화려하게 물들어 가고 있다.

2016. 9. 3.

신탁거부(神託拒否)

태어나기 전 기구한 운명
신이 정한 대로 되지 않으려 버려진 아이가
결국 아비를 죽이고 어미를 아내로 삼은
오이디푸스*
신탁을 두려워하지 않고
허튼소리라 여기고 아이를 버리지 않았다면
신탁(神託)을 거부할 수 있었다.

동네 어귀에 목각정승 하나 세워놓고
무사안위를 빌고
누군가 말장난
하나에 솔깃해져
한 발자국 움직일 때마다
스스로 최면에 뻣뻣해진 걸음을
제 의지대로 떼지 못하는
우매한 군상들

화성 탐사에
열정을 올리고 있는 시대를 살면서도

사주카페 문턱을 넘나드는 것들
그냥 재미로 가는 것으로 여기면 좋겠다.

* 오이디푸스 : 그리스 신화에 등장하는 도시 테바이의 왕.

2017. 1 . 3.

재림

다시 온다고 했다.
하늘 위로부터 누구나 볼 수 있는
모습으로 온다고 했다.
그 때를 모두 알 수 없으나
그리스도는 영광스런 모습으로
이 땅에 다시 와서 원수를
심판할 것이다.

2018. 1. 25.

제5부

사람이 떠난 자리로

붉은 여귀 꽃

철길 위로
깃털구름 떠가는 하늘
멀어지는 기차 뒤
안성철교 아래로

강물은 돌 틈 사이
여귀 꽃 따라
머물다 흐르고

쇠꼴을 베다 시간 모르고
늘어진 낮잠을 자다
소낙비에 놀라
바삐 돌아가는 길섶

밤 별만큼 많아
헤아리지 못한 붉은 꽃을
총총히 눈에 넣어다가
밤 내 그 꽃을 헤었다

2015. 11. 12.

* 계간 『시세계』 2016년 여름호 게재

웃어야 행복해진다

행복한 사람은 늘 웃는다
억지웃음도 행복해지고 싶은 사람에게
소용 있는 의지이다
행복은 절로 오는 것이 아니라
의지의 산물이다
사람들은 얼굴 찌푸린 자를 멀리하고
웃는 사람들을 곁에 두려 한다
결국 예쁜 얼굴은 웃는 얼굴이다

2016. 3. 7.

*『청암문학』 2016년 봄호 게재

사람이 떠난 자리로

시렁 위 줄어든 연시를 헤다
이내 울음보 터트리고

한 해를 시작할 즘
하루 끼니를 걱정하고
에린 추위에
따스한 옷 하나 준비하며
계절의 순환도
마땅한 윤회라 했다

늦가을 나무 위로
덜렁이 까치밥 하나를 남기며
풍요 위해 기도하고
오가는 나눔을 이야기하다

사람이 머물다 떠난 자리로
새들이 둥지를 틀면
은빛 휘날리는
억새 숲길을 따라 오른다.

2013. 5. 25.

그날을 기다리며

— 북녘 하늘 바라보며

한차례 소나기를 몰고 온
먹장구름이 서풍에 밀려가고
붉은 노을 아래로
강물이 흘러들고 있다

기러기는 철조망 너머
북녘 하늘로 울며 날고
우린 그들 위해
한 발도 내딛지 못한다.

시작하기 전부터 그들은
그런 인내를 감내해야 하고
우린 그저 안타까운 마음 하나
두고 가려고 왔나 부다

서로 행복해지는 꿈을 꾸고
작은 기도가 천상에 전해지길
원하지만
새날은 아직 오지 않고
줄지어 하늘을 나는 기러기만
바라보고 있다.

2015. 6. 21.

잡초

잡초가 천년을 묵어도
나무가 될 수 없다
세월에 완숙해진 자신의
모습이 비만해지고
풀등이 굵어진 것을
스스로
나무가 되었다 한다,

타인이 얼핏 스치며
보아도 민망한 모습
자신은 고목이 된 듯
허세를 부리다
어느 날 쉽게 넘겨지는
옆모습을 보고야 절절히
때 늦은 후회를 한다.

2015. 8. 31.

시련 앞에서 바람도 고요하다

민중은 다들 어스름이 깔린
거리를 질주하고
도시의 모퉁이로 다가선
분별 되지 않는
시련에 나는 고뇌한다.

할 수 있는 것이 고작
몇 줄 글자 옮기는 수준의 삶이라
이런 날은 작은 음성으로 전하며
매일 불어오던 바람도 고요하다.

바람은 소소한 아픔 하나쯤은
저 홀로 극복하라 한다.

겨울나무 나이테가 촘촘하고
오래 연마된 쇠가 단단하듯
훗날, 이런 아픈 시련 하나쯤은
어느 허술한 주점 목로에 앉아
진부하게 풀어 놓을 이야기이렷다.

2016. 12. 4.

초로(初老)

하릴없이 온종일 서성이다
돌아가는 노인의 뒷모습이
측은하다

어느 땐가 무성한 숲에서
화려한 모습 제 자랑에 농익은
시간이 그리 멀지 않은 듯한데
이제 구부정해진 허리를
한번 펴기도 힘겹다.

시간이 등을 보이고
한참 멀어지는 어둔 저녁이면
이유 없이 밀려드는 고독,
기다림에 슬퍼지고
누군가 다독이는
하찮은 소리에 위로를 얻는다.

2014. 8. 28.

이중성격

이성과 본능은 갈등하며
순환하고
일생을 선행으로 살다가
순간 실수로 지탄 받는다.

남 보란 듯 하는 선행의 결말이
종종 그러하지만
길가에 돌 차듯 하는 비판도
제 발등 찍는 일이다.

본성은 이중적이다
창조 때 순한 마음과 뱀의 미혹으로
오염된 두 마음이 공존한다.

관능과 탐닉
황홀한 꿈에서 깨길 거부하다
눈을 뜬 새벽, 벽시계 초침소리가
귀에 거슬린다.

2017. 10. 13.

삶과 사슬

옥죄어오는 삶의 사슬로
신발에 모래 알갱이 하나를
털어 버리지 못하고

항구 떠나는 목선을
타기 위해 질주하다
작은 여유 하나를 얻지 못했다

하찮은 것에 얽매여
순간마다 그 아픔이 전부인 양
아린 상처들을 담고 가다

기웃 저무는 저녁노을
귓가로 작은 바람이 내는
화음을 들었다

2015. 1. 9.

어느 겨울 아침

북한의 핵 실험과
어깃장을 놓는 이른 시간
멀리 있는 딸이 소소한
다툼으로 전화하고

한 올씩 틈새를 메어와
문풍지 우는 새벽바람에
감기라도 올까
도톰한 차렵에 외투를 걸치고
오늘만큼 주어진 길을 간다.

밤 내 서릿발 같은 스산한 달빛에
소복이 눈 쌓인 산등성이로
벌거벗은 나무들이 떨며 서 있고

얼어붙은 마음을 두드리다
지친 시간
생성과 소멸의 번뇌로 오는
두려움이 설핏 스쳐 간다.

꺼졌던 불씨가 다시 피어나는
따사한 봄을 기다리는 것도
조바심 나는 겨울 아침이다.

2013. 2. 13.

*『청암문학』 2014년 겨울호 게재

오월의 노을 속에서

철들지 않은 가슴
기다림의 파리한 떨림은
밤 내 문풍지에 떠는
바람 소리에 뒤척이다

오월의 진한 노을 속
아카시아 꽃향기가
코 속을 가득 채우고야
오랜 설렘이 사라졌다

산기슭 양지로
매발톱 꽃잎에 머금은
자줏빛 채색의 황홀함은
계절의 순환을 잊게 하고

잊으려면 더 간절해지는
그리움의 초상
바람에 이는 물결 따라
반복되며 밀려드는
가뭇한 세월

꿈결에라도 이 마음 고스란히
전해지길 갈망한다

2015. 5. 25.

*『한국문학인』 2015년 겨울호 게재

노안(老眼)

고향집 들른 김에 찾은 학교 운동장이 작아 보인다.
어릴 적 큰 눈으로 보던 그곳은 그대로인데
노안으로 작아 보이는 거다.

바늘귀는커녕 손톱도 돋보기 없이는 깎지 못하니
세월이 섭섭하다. 되돌아 갈 수 없는 여정은 심신을
지치게 한다.

사물이 점점 작아져 보이는 만큼 두려움 없어
가던 길 갈 수 있다.

2017. 8. 21.

어느 노인의 푸념

텃밭에 아욱 뜯어 된장국 끓이고
소맷부리 걷은 가녀린 손목으로
어처구니 움켜잡고 맷돌 돌렸다.

만날 도토리묵 쑤어 놓고
추수 끝난 들판에서 수건 동여매고
이삭 줍느라 흩어진 치맛주름 가다듬을
틈 없어 등이 다 굽었다.

끝이 어딘지 모르고 가다 길이 멀어져
난감한 저녁, 먼 길 재촉하여 되돌아와
아궁이에 불 지펴 밥을 지었다.

2016. 3. 19.

*『청암문학』 2016년 봄호 게재

안성 이야기

— 비봉산* 설화

비봉산의 옛 이름 하나는 백봉으로 봉황이 날아가 돌아오지 않는다 하여 붙여진 이름이고 다른 하나는 구포산(九抱山)으로 봉황이 아홉의 알을 품고 있다 하여 붙여진 것이다.

안성 벌판으로 부화를 기다리는 아홉의 알미산이 있어 아직 큰 사람 날 때가 아니라 했다. 열두 알이 채워져야만 봉황이 돌아와 품는다는 전설을 믿으며 칠현산 위로 솟아오르는 아침 해를 보면서 시작한 하루가 안성평야 서쪽으로 붉은 노을이 물들어야 마치면서 무던히 이어온 인고의 긴 세월이다.

개골창에 강물이 흐르는 날이 오기까지 넓은 들판을 지켜온 사람들, 오늘도 봉황이 품을 수 있는 사람을 기다린다.

* 비봉산 : 안성 소재 산 이름. 해발 227.8m로 흙으로 만든 산성(山成)이며 장수바위와 5개의 약수터가 있다.

2012. 10. 9.

* 『안성문학』 2012년 게재

혼신(渾身)을 다해 빚어낸 혼(魂)이 묻은 시(詩)

— 김휘열 제3시집 『겨울동백』 해설

박영교 (시인 · 前 한국문인협회 이사)

성경말씀에 "구하라 그러면 너희에게 주실 것이요 찾으라 그러면 찾을 것이요 문을 두드리라 그러면 너희에게 열릴 것이니(마태복음7:7)"라고 말씀하고 있다. 먼저 우리는 그의 나라와 의를 구하여야 한다. 그러면 이 모든 것을 얻을 것이다.

'시인의 말'을 빌리면 김휘열 시인은 어려운 상황을 극복하면서, 크리스천으로 살면서, 시를 쓰면서, 그것에 위안을 얻고 있다고 했다. 그의 작품을 읽어보면 대부분의 시들이 호흡이 짧고 잘 읽힌다. 시가 짧다는 것은 그만큼 나름대로 함축되어 있음을 의미하고 독자와 시간적인 의식을 하고 있다는 것을 뜻한다.

〈마태복음〉에 나오는 말씀과 같이 김휘열 시인이 구하는 모든 것들을 하나님께서 주실 것을 믿으며, 김 시인이 찾는 모든 것들도 주님께서 꼭 찾게 해주실 것을 소망하며, 모든 어려운 일들을 하나하나 순조롭게 문을 열어주실 것을 하나님께 간구한다.

문학은 인간이 살아나가는 길[道]이라고 생각한다. 문학은 사람이 살아나가는 길에 뜨거운 눈물이 있는 정원의 꽃 향이거나, 또는 춥고 삭풍(朔風)이 부는 날 따끈한 희망을 주는 내용이거나, 아니면 부패한 정치판 속에서 깨끗한 이슬을 건져 올리는 이야기라고 할 수 있다. 어려운 세상살이에서 보석(寶石) 같은 언어로 사람들에게 삶의 활력을 부여해 정신의 투혼(鬪魂)을 건져 올릴 수 있는 것이 바로 문학의 힘이며, 우리들에게 비춰지지 않는 정체성(Identity)을 잡아내어 일깨워 주는 것이 문학이라고 생각한다.[1)]

김휘열 시인은 그의 삶이 어려워도 자신의 삶을 끊임없이 발전시키고 아픈 몸을 절차탁마(切磋琢磨)하면서 자신을 이기고 바로 서려고 노력하는 시인이다. 살아나가는 길이 이렇게도 어렵고 주변 여건도 만만치 않은 가운데 문학작품에 힘을 쏟으면서 살아온 삶은 매우 장하게 보여진다.

어려운 시기에 우리의 생활이 피눈물 나게 찌들고 가난하고 배고플지라도 우리 문인들은 그 풍부한 정서적 삶의 가치를 모든 이에게 골고루 배분하여 주고, 어렵

1) 박영교, 『시조작법과 시적 내용의 모호성』(도서출판 천우. 2013), p.149.

고 힘들수록 삶의 질을 높이는 생활을 가르쳐 줄 수 있도록 모범적인 삶의 휘파람 소리를 자아내어야 하겠다.

김휘열 시인은 어려운 여건에도 그 상황을 극복하고 이제 세 번째 시집을 상재(上梓)하고 있다. 이번 작품집은 5부로 나누고 있으며 제1부 '겨울동백' 16편, 제2부 '시인으로 사는 것' 16편, 제3부 '사랑' 12편, 제4부 '본능' 15편, 제5부 '사람이 떠난 자리로' 14편 등 전 73편의 작품을 싣고 있다.

김휘열 시인은 시의 내용으로 미루어 보아 독실한 기독교인으로 느껴진다. 제3부 '사랑' 12편은 신앙 시로 구성해 놓은 것 외에도 여러 편의 신앙적인 작품이 엿보여서 허두에 〈마태복음〉 7장 7절에 있는 성경말씀을 인용한 것이다.

김휘열 시인의 작품을 하나하나 살펴보자.

> 겨울동백이 지는/ 봄의 들머리/ 동백꽃이 지면 봄이 온다.// 거친 겨울/ 별빛도 숨을 죽이는/ 황량한 긴 밤에/ 홀로 꽃 피우고/ 몰래 하고픈 마음이 수줍어/ 붉은 꽃잎에 전하려/ 봄이 올 때까지/ 모진 시련을 견디고 있다.// 오직 그대만을 위해서/ 고요히/ 흰 눈 속에서 붉은 꽃을/ 피우려는 겨울동백.
>
> —「겨울동백」 전문

제12회 세계문학상 시 부문 대상 수상 작품이다. 김휘열 시인의 작품 「겨울동백」은 그 사람이 누군지는 몰라도 오직 한 사람을 위해 꽃을 피우겠다는 그 마음 하나로 흰 눈 속에서 붉게 피려는 동백꽃의 진한 정성을 그리고 있다. 이 붉은 마음이 지면 곧 봄이 오는 소리를 들을 수 있는 것이다.

동백꽃은 한겨울 흰 눈 속에서도 자신의 마음을 숨길 수 없이 눈 위에서도 붉은 마음을 도도하게 펼쳐 피어 있다가 자신의 죽음 앞에서는 꽃잎 하나도 남김없이 자신의 목까지 쳐서 흰 눈 위에 떨어뜨리는 삶을 산다. 무엇이 그리 억울한지 목숨을 떨어뜨리고 난 뒤에도 한 열흘까지 피를 토하며 붉게 누워 있는 그리움의 대명사로 남아 있는 꽃이다.

> 바람이 벼랑 끝에 꽃을/ 피우고 있다.// 바람에 흩날린 홀씨는/ 아마득한 절벽/ 바위틈으로 찾아들어/ 꽃을 피웠고// 병풍처럼 둘러 있는/ 암벽을 오르는 사람들은/ 그곳에서/ 꽃이 되길 갈망했다.// 그들은 그곳에서/ 꽃의 화석이 되었다.
>
> —「바람이 꽃을 피우다」 전문

누구나 아름다운 꽃을 보면 사랑에 빠진다. 그러나 그 꽃들은 오래가지 않아 꽃을 좋아하는 사람에게 꺾이게 되는 것이다. 그러므로 아름다운 꽃들은 벼랑 위에 피기를 갈망하고 오래도록 살아남기 위해 벼랑 끝에서 기다림을 원하는 것이다. 그리고 암벽타기에서 성공적으로 정상에 오르게 되면 그 희열을 맛보면서 새로운 삶의 바운더리(Boundary)를 구성하게 된다.

신라시대 때 순정공의 아름다운 아내 수로부인에게 꽃을 꺾어 드린 노인이 있었다. 바위가 병풍처럼 둘러선 절벽에 핀 철쭉꽃을 갖고 싶어 하는 수로부인이 "누가 나에게 저 꽃을 꺾어 줄 수 없겠는가?" 하였다. 그때 암소를 몰고 가던 한 노인이 소 타리를 놓고 절벽에 올라가서 꽃을 꺾어 바치면서 「헌화가」를 읊었다고 한다. 절벽이란 죽음을 뜻하기도 한다.

'검붉은 바위 끝에/ 암소 잡은 손 놓게 하시고/ 나를 아니 부끄러워하시면/ 꽃을 꺾어 바치겠나이다.'

노인은 이 「꽃 바치는 노래-헌화가(獻花歌)」를 부른 뒤에 꽃을 꺾어 바쳤다. 절벽과 미인과 꽃과 노인과 노래와 암소, 이러한 단어들이 주는 연상 작용은 무척 예술적이다. 그리고 그런 배경 속에서 한 송이 철쭉꽃을 들고 미소를 짓는 수로부인의 모습도 예술적인 것이다.

흔히 어려운 활동 끝에 오는 삶의 환호는 우리들 삶에 희열을 주며 더 나아가서는 우리 생활에 새로운 촉매제가 된다.

> 해 질 녘 노을에 황홀한/ 홀로 핀 하얀 민들레// 홀씨를 강 너머로 날려/ 보내고 있다// 마른 들녘/ 엉겅퀴, 담뱃대, 씀바귀, 민들레…/ 여느 아낙들/ 둥근 꽃들 사이를/ 종종히 지나가고// 노을에 긴 그림자/ 하늘로/ 꽃머리 곧추세우고/ 기도하는/ 하얀 꽃 민들레.

—「하얀 민들레」 전문

민들레는 우리나라 민족을 뜻하는 말로도 한때 쓰여

왔다. 민들레, 질경이, 엉겅퀴 등은 우리나라의 산촌 어디서나 잘 만날 수 있고 흔하게 볼 수 있는 식물이면서 약재로도 쓰이고 있다. 그러나 요즘은 농촌이나 시골에서도 찾아볼 수 없는 귀한 존재가 되어버린 지 이미 오래다. 엉겅퀴는 실리마린제품 원료로 간에 특효약으로 쓰이고, 질경이도 여성청결제로 쓰이면서 여러 가지 효능이 있어 캐서 제배를 하고 있는 실정이다.

김휘열 시인은 민들레와 같은 삶을 동경하는 듯하다. 씨앗들이 바람에 날려서 어디든 가서 잘 자라 주었으면 하는 바람으로 돌밭에도 떨어지고 가시밭에도 떨어지고 또는 담벼락 아슬아슬한 자리에도 떨어져서 살아온 민들레 풀씨이다. 그렇게 날려 보낸 꽃 대궁은 머리를 하늘로 보며 그들의 씨앗들이 날아가서 뿌리내려 잘 살기를 기다리면서 하늘에 기도 드리는 것이다.

우리 인간들도 마찬가지일 것이다. 자식이 커서 집을 떠나 출가하거나 타지로 나갔을 때는 그 부모들은 항상 잘 되기를 하나님께 기도하고 기다릴 것이다.

> 여름 장마 지난 자리/ 옛집 담장에 분꽃 피었다// 한 그루에 수십 꽃송이/ 수줍어 서로 몸을 숨긴 채// 해 뜨면 오므리고/ 해 지면 꽃잎 피우면서/ 까만 씨앗을 보듬고 있다// 마중 나온 누이처럼/ 행복한 미소 머금고 있다.

—「분꽃」 전문

예전에 분꽃은 시골 어느 곳에 가서도 만나볼 수 있는 꽃이었다. 김휘열 시인이 쓴 이 시에도 나왔지만 분꽃은 저녁밥 지을 시간을 알려주었던 꽃이라고 하였다.

분꽃은 남아메리카가 원산지로 우리나라에서는 1년생 초본으로 원줄기는 굵으며 키는 60~100㎝이고 뿌리가 굵고 가지가 많이 갈라진다고 한다.

분꽃에 대한 얘기는 옛날 폴란드에 큰 세력을 가진 성주가 살고 있었는데 자식이 없었다. 하나님께 아들을 주십사고 간청을 했는데 딸을 낳게 됐다. 그 딸은 성장하여 한 남자를 사랑했는데 성주는 안 된다고 했다. 너는 나를 이어 성주가 되어야 한다고 했는데, 그 딸은 자신의 처지가 너무 싫어져서 자신이 가지고 있던 칼을 꽂고 여자로서 울었는데 며칠 후 그 칼을 꽂은 자리에서 한 송이 예쁜 꽃이 피어났는데 그 꽃이 바로 '분꽃'이라고 했다.

> 계절 따라 어디론가/ 훌쩍 떠나고 싶은/ 가을이 가는 자리// 여름내 함께 날던/ 된장잠자리도/ 흔적을 감춘 날 저문/ 텅 빈 하늘 위로// 남기고 가는/ 계절이 못내 아쉬워/ 온몸 붉게 태우고// 은빛 날개 너울대며/ 홀로 춤추고 있다
>
> —「고추잠자리」 전문

항상 계절을 먼저 알리는 전령사가 있다. 봄을 제일 먼저 알리는 전령사는 개나리, 버들개지, 산수유, 참꽃

들이다. 여름의 전령사는 꽃보다 더 보기 좋은 만산의 연록빛 잎사귀들이며, 가을을 알리는 전령사는 고추잠자리를 들 수 있겠다. 단풍잎도 그중 하나지만 단단풍이 봄부터 붉게 태어나 봄인지 가을인지 구분하기 힘들기에 제외될 때도 있다. 고추잠자리도 낮게 날다가 높이 올라가는 날이면 계절도 다 지나가는 날이 된다. 가을은 어디서든 그리움을 안고 함께 떠나고 싶은 남자의 계절이라고들 한다.

시인으로 사는 것/ 그러다/ 시인으로 떠날 수 있는 것은/ 행복이 겨운 것 같다// 살다가/ 그대로 떠날 수 있으나/ 허접한 거 하나라도 남기고/ 떠날 수 있으니/ 멋진 일 아닌가// 술 한 잔/ 얻어 마실 거리를 위해/ 골방에 박혀/ 한 줄 글을 옮기고// 한 달 내 찜통더위가/ 머무는 날들/ 하늘 사이에 전쟁과 비밀을/ 조금 눈치라도 챌 수 있는/ 삶은 좀 피곤하지 싶다// 그저 해 뜨고 지는 것이 하루라는 것을/ 나는 알고 있다.

—「시인으로 사는 것」 전문

우리가 살아가는 길이 시인(詩人)이라면, 그 이름 걸맞게 세상을 살다가 돌아가는 시인(詩人)이라면, 더욱 좋은 일이지만 그렇지 못한 시인(詩人)에게는 아주 불행하다고 생각한다.

시인이 창작한 작품은 그 작가에게 있어서 살아 있는 영혼의 꽃일 수도 있다. 그러므로 시인은 자기 창작품에 대해서는 발표하기 직전까지도 퇴고와 번민을 함께

갖게 되며 그 작품에 대해서는 항상 자신의 진실과 인격과 명예를 함께함을 생각하지 않을 수 없는 것이다.[2)]

김휘열 시인은 시인으로 살다 시인으로 떠나는 것은 행복하다고 했다. 서로 이야기를 나누고 함께 술을 마실 수 있는 시간적 여유, 그저 하루해를 보고 지는 것을 인식할 수 있었으면 좋겠다는 것이다.

우리는 급변하는 지식기반 시대에 살고 있다. 시인이라는 그 이름만으로도 보고 싶어 하고 작품집 한 권이라도 소장하고 싶어 하며 가슴 설레던 한때가 옛 이야기가 되었다. 2000년 대 이후 인쇄술의 보편화와 지식의 팽창으로 저렴하고 풍부한 내용의 양서가 다량 출간되었다. 누구나 글을 쓰고 책을 출간하는 요즘을 가리켜 '출판물의 홍수시대' 라고 한다. 혹여 내가 출간하는 책이 공해나 되지 않을까? 하는 생각이 들 정도로 인쇄물이 범람하고 있다.[3)]

가을로 가는 인생길/ 담장에 작은 낙서에도 섧다// 검은 머릿결이/ 은빛으로 변하는 동안/ 주마등처럼 스치는/ 숱한 기억들은/ 되돌릴 수 없는 체념에/ 나름 기쁨을 얻고// 철길에 핀 코스모스 위에서/ 이 땅에 새로운 주인을 위한/ 그들의 군무와 낮은 노랫소리// 산그늘 내리는 산중에서/ 홀로 자리를 차고 일어나/ 가던 길을 재촉한다.

—「가을로 가는 인생길」 전문

---

2) 박영교, 『文學과 良心의 소리』(도서출판 대일. 1986), p.182.
3) 박영교, 앞의 책, p.231.

우리가 살아가는 인생길이 마치 사계절을 살아가는 길과 같음을 김휘열 시인은 잘 알고 있다. 어떻게 보면 우리 인생은 겨울을 마지막으로 살아가는 길이지만 자연은 그렇지가 않아서 가을을 지나 겨울에는 그 낙엽이 다시 뿌리로 돌아가서 자양분으로 흡수되어 또다시 봄이 되면 생동감으로 되살아나는 일연의 회귀적(回歸的) 생활이라고 할 수 있다.

김휘열 시인은 담장에 작은 낙서를 보는 것도 서러워서 울고 싶다고 했다. 그리고 조그마한 움직임에도 서러워지고 햇살이 누렇게 내리는 가을볕에도 눈물이 나는 늙어지는 나이이다. 거울을 보면서 하얀 머리 새치를 뽑으면서 머리가 세는 것을 우려할 때도 있었지만 자신의 머릿결이 은빛으로 변하는 것에도 내 기억을 의심할 때가 있으면서 서러움을 달랠 길이 없을 때도 있다.

철길에 핀 코스모스 꽃잎을 보면서 그들의 한들거림과 기차 철길의 울음소리를 들어도 슬픔을 감추지 못한다. 산그늘이 아주 빨리 내리는 것을 보면서 내가 하던 일을 재촉하면서 1년에 두 권 또는 세 권의 시집을 출간하는 시인이 있다. 내 앞에 남은 시간이 얼마 남지 않아서 서두르는 것을 볼 수 있다.

그저 말랑한 붉은 근육/ 세 치의 혀다// 어떤 이에게/ 감동의 말을 선사하고/ 어떤 이에게 희로애락을/ 송두리째 주었다 빼앗고/ 세상 전부를 바꾸는 힘으로/ 죽였다 살렸다/ 위대한 힘, 위용 가득하다// 혀를 잘 놀리라

하는 말이/ 문뜩 떠올라 한 줄 적었다

—「혀 이야기」 전문

『탈무드』에 보면 어느 날 남편이 아내에게 시장에 가서 맛있는 것을 사오라고 했다. 그러자 아내는 혀를 사왔다. 며칠 후 남편은 다시 아내에게 오늘은 가격이 싼 것으로 사오라고 했다. 그런데 아내는 또 혀를 사왔다. 남편이 말했다. "지난번에 맛있는 것을 사오라고 했을 때도 혀를 사오더니, 싼 것을 사 오라고 해도 또 혀를 사왔으니 어찌된 일이오?" 아내가 대답했다. "혀는 잘 사용하면 더 이상 좋은 것이 없고, 잘못 사용하면 그보다 더 나쁜 것이 없기 때문입니다."

김휘열 시인의 작품 「혀 이야기」는 우리들 일상생활에 있어서 절대적으로 꼭 필요한 이야기이다. "근심이 사람의 마음에 있으면 그것으로 번뇌하게 되나 선한 말은 그것을 즐겁게 하느니라.(잠언12:25)", "선한 말은 꿀송이 같아서 마음에 달고 뼈에 양약이 되느니라.(잠언18:21)"처럼 혀는 우리 인간에게 있어서 언어를 발설하는 근본이기 때문에 조심해야 한다는 성경구절이 많이 나온다.

딸아이가 땅콩을 한 되쯤 사왔다/ 아내가 의아해서 물으니/ 차부에서 추위로 떠는/ 할머니가 안쓰러워 샀다 한다/ 가난을 겪지도 않은/ 아이의 마음이 미쁘다.// 늘 타국에 있는 아이를 위해/ 기도하고 영혼의 뿌리가/

다 닿도록 지켜주려는 마음/ 그쪽에서 들려오는 작은 소리에도/ 귀가 쫑긋이 선다.// 어둑새벽/ 절룩거리며 산동네를 오르는/ 연탄 수레 뒤를 밀어주다/ 벅찬 기쁨을 느꼈다.

—「사랑의 마음으로」 전문

「사랑의 마음으로」는 딸의 아름다운 마음이 가득 담겨 있는 시로서, 읽으면서 눈시울이 뜨거워지는 것을 느꼈다. 우리 아이들이 이러한 뜨거움과 사랑이 가득하게 쌓여 있는 이상 우리나라는 아직 희망이 있으며, 그렇기에 매우 축복받은 민족이며 축복받은 땅이라 할 수 있겠다.

어려운 사람들을 도와주고 가난한 사람들을 돕겠다는 마음 하나만 가지고 살더라도 우리나라는 너무나 밝은 나라로 떠오를 것이다.

에덴동산에 사달이 났다. 아담과 하와가 천부에 거역하고 금단의 실과를 취하여 선과 악을 분별하였다. 악을 쫓을까 근심하여 에덴동쪽으로 내놓아 밭을 가는 수고와 해산의 고통을 얻게 하였다.// 땅 위에 사람이 번성할 때 하늘의 아들들과 사람의 딸들이 합하여 용사들을 생산하니 그들의 세상이라 천부를 조롱하는 자들만 있었다. 노아만이 의인이었다. 홍수로 땅 위 모든 생물이 진멸되고 그의 가족만 구원을 얻게 되었다.// 사람이 땅 위로 다시 퍼질 때 자기들의 이름을 위하여 탑을 쌓으니 그들의 하고자 하는 일을 막을 수 없었다. 천부가 언어를 혼잡하게 하여 온 땅으로 흩어지게 하였다.

—「성경 이야기 1」 전문

작품 「성경 이야기 1」은 3연으로 된 호흡이 긴 작품이다.

첫째 연에서는 아담과 하와가 에덴동산에서 하나님의 말씀을 거역하고 에덴의 동쪽으로 내쫓기어 나가서 아담은 종신토록 수고하여야 소산을 먹게 하였으며(창 3:17), 여기에서 수고는 땀을 흘려가면서 일하는 노동이나 또는 고생스러움을 의미한다. 하와는 죄로 인하여 출산을 할 때의 해산의 고통을 줄 것이다. 하와는 모든 산 자의 어미라고 했다.

두 번째 연에서는 세상에 만연한 죄로 하나님이 홍수 심판을 작정했을 때 노아는 남은 자로 선택된 사람이었다.(창6:1-8) 하느님이 보시기에 세상은 속속들이 썩어, 사람들이 하는 일이 땅 위에 냄새를 피우고 있었다. 그래서 하느님께서는 노아에게 이렇게 말씀하셨다. "세상은 이제 막판에 이르렀다. 땅 위는 그야말로 무법천지가 되었다. 그래서 나는 저것들을 땅에서 다 쓸어버리기로 하였다.(창6:12-13)"

세 번째 연에서는 바벨탑으로 인한 이야기이다. 바벨탑은 구약성서 〈창세기〉에 나온다. 인간들이 자신의 이름을 떨치기 위해서 하늘에 닿을 만큼 높은 탑을 짓기로 하는데, 신이 인간의 오만함을 벌하여 서로 말을 알아듣지 못하게 했고, 결국 탑을 끝까지 쌓지 못한 채 온 세상에 흩어졌다는 내용이다. 그러나 이 이야기를 신의 권위에 도전하는 인간의 오만함으로만 해석하지 않는다. 바벨탑을 쌓으려 했던 이들은 노아의 후손이다. 다시는 대홍수를 내리지 않겠다고 약속했는데 바벨탑을 쌓자 그 벌로 서로 말을 알아듣지 못하게 했으며, 한데 모여 살던 인간들을 세계 곳곳으로 흩어지게 했다.

> 밤이 무너질 때/ 이슬 위로 꽃송이 몽실 피어나는/ 아침을 기다린다.// 감내가 힘든 고통 속에서/ 기쁨을 노래하고// 깊은 병중에/ 궁핍한 이웃을 위한 기도는/ 이 땅에 머무는 이유가 되었다.// 소망은 기도의 결실이고/ 믿음의 증거가 된다.
>
> —「소망」 전문

기독교에서는 “믿음, 소망, 사랑 이 세 가지는 항상 있을 것인데 그중의 제일은 사랑이라.(고전13:13)”, “우리가 소망으로 구원을 얻었으매, 보이는 소망은 소망이 아니니, 보는 것을 누가 바라리요, 만일 우리가 보지 못한 것을 바라면, 참음으로 기다릴지니라.(롬8:24-25)”라고 ‘소망’에 대해 이야기한다.

김휘열 시인은 소망은 기다림이며 기도의 결실로 이루어지는 것이라고 했다. 깊은 병중에도 이웃을 위해 기도해 주는 것, 소망으로 인해 이 땅에 머무는 이유가 되는 것이다. 진실한 소망은 보이지 않는 것을 바라면서 오래 기다리는 것이라 했다.

“소망이 부끄럽게 아니함은 우리에게 주신 성령으로

말미암아 하나님의 사랑이 우리 마음에 부은바 됨이니 우리가 아직 연약할 때에 기약대로 그리스도께서 경건치 않은 자를 위하여 죽으셨도다.(롬5:5-6)"

> 집으로 가면/ 온종일 귀를 쫑긋 세우고/ 나를 기다리던 강아지가/ 꼬리를 흔들며 뛰어나와/ 나를 반긴다.// 누군가/ 나를 기다려 주는 것이/ 진한 감동이 되고/ 누군가/ 나를 반겨주는 것이/ 더 없는 행복이 된다.
>
> —「집으로 가는 남자」 전문

예부터 우리는 집에 사람이 있으면 따사로운 기운이 맴돈다고 했다. 어린 우리 학생들이 학교에 갔다가 오면 집에 아무도 없고 텅 비어 있으면 집에 들어갈 엄두가 나지 아니했던 기억이 난다. 그래도 집을 지키던 삽살개가 꼬리만 흔들어 줘도 얼마나 기쁜지 아는 사람은 다 알고 있다.

김휘열 시인도 집 안에서 강아지나 고양이 등 반려동물을 키우는 것 같다. 그 반려동물들이 주인을 많이 반겨주고 또 마음을 외롭지 않게 위로해 주는 것을 볼 수 있다. 요즘 젊은이들은 결혼을 꼭 해야 한다고 생각하지 않아서 혼기가 넘은 30대에도 아직 결혼하지 아니하고 있는 청춘남녀들이 얼마나 많은가? 결혼하지 아니하고 즐겁게 살고 싶다는 젊은이들이 늘어나면서 반려동물 역시 많이 키우는 것이다.

> 보릿고개면 들로 나가 가시 나물에 손등을 찔리며 쑥

을 뜯고/ 잠긴 곳간을 열어 벼이삭 쪄서 밥을 짓고, 생선 토막을 내고/ 닭의 목을 비틀어 밥상에 올리는 것들이 여상한 어머니는// 전사(戰士)였다// 뒤뜰 돌다 몰래 본 어머니 방은 앞산 매화길 따라 시집 올 때 가져온/ 경대 앞에서 머리에 비녀를 꽂고 손 가락지 매만지며 분칠로/ 골 깊어진 주름살을 펴고 계셨다// 어머니는 여자로 되돌아가기를 갈망하고 있었다.

—「어머니와 여자」 전문

우리나라 모든 어머니는 훌륭하다. 그러나 요즘 신문지상이나 매스컴을 통해 보면 간혹 자기 자식을 낳아놓고 아이를 버리고 집을 떠나는 어머니를 접하게 된다. 그때마다 '저런 어머니는 어머니도 아니다.' 라고 혼자 선언할 때가 있다.

김휘열 시인의 어머니는 그 어려운 시대에 살면서도 삶의 의지를 버리지 않고 꿋꿋한 생활을 해 오신 그 시대의 어머니는 모두가 진정한 어머니요, 생활 속의 전사자(戰士者)였음을 잘 알고 있다. 그러나 그런 어머니도 아름다운 피부를 갖기 위해 거울 앞에서 얼굴을 매만지면서 사랑스러운 아내이기를 바라고 있었을 뿐만 아니라 출타를 할 때는 여인으로서 남 앞에 잘 설 수 있도록 하려는 여인의 본능이 있었다.

산행의 기쁨은/ 정상에 오르는 것이다.// 준비 과정은 같으나/ 앞만 보고 숨 가쁘게/ 오르는 산행이 있고// 다소 늦지만 산허리 휘잡은/ 풍광을 만끽하며 오르는/

산행이 있다.// 어느 과정으로 오르던/ 산에 있을 때는/ 산이 되어야 한다.

—「산행」 전문

김휘열 시인은 산을 오르는 사람은 정상(頂上)에 우뚝 서 봐야 산행의 기쁨을 느낀다고 한다. 산행을 떠날 때는 준비를 단단히 해야 한다. 그리고 김 시인은 산행의 두 부류의 사람들을 언급하고 있다. 산행을 하는 사람은 자신이 산이 되어야 한다고 했다.

공자께서는 "지혜로운 사람은 물을 좋아하고 어진 사람은 산을 좋아하며, 지혜로운 사람은 활동적이고 어진 사람은 조용하며, 지혜로운 사람은 인생을 즐길 줄 알고 어진 사람은 오래 산다.(지자요수(知者樂水), 인자요산(仁者樂山), 지자동(知者動), 인자정(仁者靜), 지자락(知者樂), 인자수(仁者壽))" 하였고, 맹자는 " '시비지심(是非之心)' 이 지혜의 출발이고, '측은지심(惻隱之心)' 이 인의 출발"이라고 했다. 물은 투명하고 깨끗하며 산은 진중하고 넉넉해서라고 하겠다.

한차례 소나기를 몰고 온/ 먹장구름이 서풍에 밀려가고/ 붉은 노을 아래로/ 강물이 흘러들고 있다// 기러기는 철조망 너머/ 북녘 하늘로 울며 날고/ 우린 그들 위해/ 한 발도 내딛지 못한다.// 시작하기 전부터 그들은/ 그런 인내를 감내해야 하고/ 우린 그저 안타까운 마음 하나/ 두고 가려고 왔나 부다// 서로 행복해지는 꿈을 꾸고/ 작은 기도가 천상에 전해지길/ 원하지만/ 새날은 아직 오지 않고/ 줄지어 하늘을 나는 기러기만/ 바라보고 있다.

—「그날을 기다리며」 전문

전 세계에서 유일한 분단국가인 우리나라. 김휘열 시인은 철조망 너머 북녘 땅 하늘을 보면서 너무나 한스러운 철조망을 바라보며 북쪽으로 날아 올라가는 기러기 울음소리를 듣고 있다. 우리는 한 발도 내딛지 못하는 설움의 땅, 북녘 땅을 기러기들은 거침없이 날아 올라가고 있다.

북녘 땅에 자신의 가족이 있지만 이제는 그 가족들의 얼굴도 못 보고 이승을 떠나는 이산가족들이 많다. 정주영 시대 때는 정주영 회장의 소라도 되었으면 북한 고향 땅을 밟아보고 죽을 수 있었을 것인데, 한숨을 쉬었던 때가 있었다.

남북통일이 되어 서로 행복한 삶을 살아간다는 꿈을 꾸고 그 열망의 기도를 수없이 해보지만 돌아오는 기도의 응답은 오직 북쪽으로 날아 올라가는 기러기 울음소리만 들릴 뿐이다.

이상에서 김휘열 시인의 작품을 살펴보았다. 대부분의 작품들이 짧게 쓰였으며, 쉽게 읽을 수 있고 작품들이 여유롭다는 느낌을 받았다.

어렵고 힘든 생활이나 삶의 절실함 속에서 쓰인 작품들이 독자들의 마음과 정신을 사로잡는다. 아무리 좋은 미사여구(美辭麗句)라도 그 속에 절실한 생활이 없고,

눈물과 한숨이 없고, 진실과 그것의 아픔이 없으면 공감과 공명을 얻어낼 수가 없는 것이다.[4)]

시(詩)를 여자의 미니스커트에 비유하기도 한다. 여자의 미니스커트 자락이 좀 길어지면 신체의 각선미를 살리지 못해서 매력을 잃게 되고 그것이 너무 짧으면 속옷이 보여서 미감을 잃게 되는 것이다. 시인이 한 작품을 창작해서 세상에 던져 놓기 전에 그것을 여러 각도로 객관적인 입장에 서서 관망할 수 있어야 한다. 그 조망(眺望)의 진실은 시인 스스로 판단해서 결정할 일이다.

김휘열 시인의 세 번째 시집 상재를 진심으로 축하한다.

---

4) 박영교, 『시와 독자 사이』(도서출판 청솔. 2001), p.222.

문학세계대표작가선 847

겨울동백

김휘열 제3시집

인쇄 1판 1쇄 2018년 3월 8일
발행 1판 1쇄 2018년 3월 15일

지 은 이 : 김휘열
펴 낸 이 : 김천우
펴 낸 곳 : 도서출판 천우
등 록 : 1992. 2. 15. 제1-1307호
주 소 : 서울시 성동구 무학봉28길 6 금용빌딩 2F
전 화 : 02)2298-7661
팩 스 : 02)2298-7665
http://moonhak.wla.or.kr
E-mail : chunwo@hanmail.net

값 9,000원

ISBN 978-89-7954-714-6

이 도서의 국립중앙도서관 출판예정도서목록(CIP)은 서지정보유통지원시스템 홈페이지(http://seoji.nl.go.kr)와 국가자료공동목록시스템(http://www.nl.go.kr/kolisnet)에서 이용하실 수 있습니다. (CIP제어번호: CIP2018007645)